글 김영희

간호학박사(Ph.D. RN), (전)원광보건대학교 교수
가족심리상담사
실버인지놀이지도자

그림 조양호

대학에서 미술을 공부했어요.
아이들을 위한 동화그림을 그리면서 세상과 이야기하는 그림 작가 입니다.
그린 책으로는 오일장 나들이, 꽉돌이의 안전여행, 폴짝폴짝 개구리 등이 있습니다.

추천 이명인

간호학박사, 원광보건대학교 교수
응급전문간호사

펴낸곳 도서출판대원 | **펴낸이** 김원호 | **출판등록** 제2010-0006호
전자우편 ddorae59@naver.com | **홈페이지** www.daewon-book.com | **문의전화** 070-7743-6999

이 책은 저작권법에 따라 보호를 받는 저작물이므로 무단전재와 무단복제를 금합니다.
잘못된 책은 바꾸어 드립니다.

으악! 코피가 나요

글 김영희, 김선희 / 그림 조양호

도서출판대원

은호가 동생 민우와 신이 났어요.
"얏, 덤벼라!. 은호 장군 나가신다."
"야~이, 내 주먹을 받아라!"
은호는 동생을 향해 팔을 쭉 뻗었어요.

"나는 슈퍼맨이다. 야~앗!"
민우는 두 팔을 벌리며 은호에게 달려들었어요.

"얘들아, 그만해! 다치겠다."
"이제 손 씻고 간식 먹자"

엄마가 맛있는 간식을 주시려나 봐요.

"슈퍼맨! 너는 나를 이길 수 없다!"
"나는 천하장사 은호 장군이시거든. 하하하"
"이제, 슈퍼맨의 망토 맛을 보아라. 얏!"

**민우가 보자기를 활짝 펼치며
은호를 덮쳤어요.**

"꽈~ 당!"
"아~~~앙!"
은호가 내미는 주먹에
민우가 얼굴을 맞았나 봐요.
"어~~ 코피?"
"엄마!
 민우가 코피가 나요"

엄마가 놀라서 달려오셨어요.
"저런!, 그러게 그만하라고 했잖니."
"민우야, 어디 보자. 괜찮아, 괜찮아!"
"고개를 뒤로 젖히고 잠시만 있어라."
"휴지로 코를 막아줄게"

"은호야! 휴지 좀 가져와라."

"엄마, 고개를 뒤로하면 안 돼요"
은호는 유치원에서 선생님이 가르쳐주신
말씀이 생각났어요.
"얘는 무슨 소릴 하는 거야? 빨리 휴지나 가져와"

"아~~~앙, 앙~~~앙!!"
민우가 소리 내어 울 때마다 코에서는
피가 더 많이 나는 것 같아요.

"선생님이 고개를 앞으로 숙이라고 했는데?"
은호는 고개를 갸우뚱거렸어요.
"고개를 앞으로 숙이면 피가 더 많이 날 것 같은데."
"어떡하지?"

"도와주세요, 리틀닥터!!!"
슈~웅, 리틀닥터!

"어!! 민우가 코피가 나는구나!"
"민우야, 괜찮아!
내가 곧 멈추게 해줄 테니 울지 마"
"자, 이리 와"
"여기 의자에 앉아 볼까?"
"그렇지. 민우는 참 용감하구나"
리틀닥터는 민우를 달래며 피를 닦아주었어요.

"어머니! 코피가 날 때
고개를 뒤로 젖히면 안 돼요."
리틀닥터는 구급 가방에서
지혈 솜을 꺼내어 말아서
민우의 코 안에 넣어주었어요.

"자, 민우야, 이렇게 고개를 좀 숙이고 있어라"
"어?, 그러면 피가 더 많이 흐르잖아요."
엄마가 걱정스러운 듯 말씀하셨어요.
"고개를 들어야 피가 멈출 텐데?"

**"아니에요. 어머니,
고개를 뒤로 젖히면 목으로 피가 넘어갑니다."**

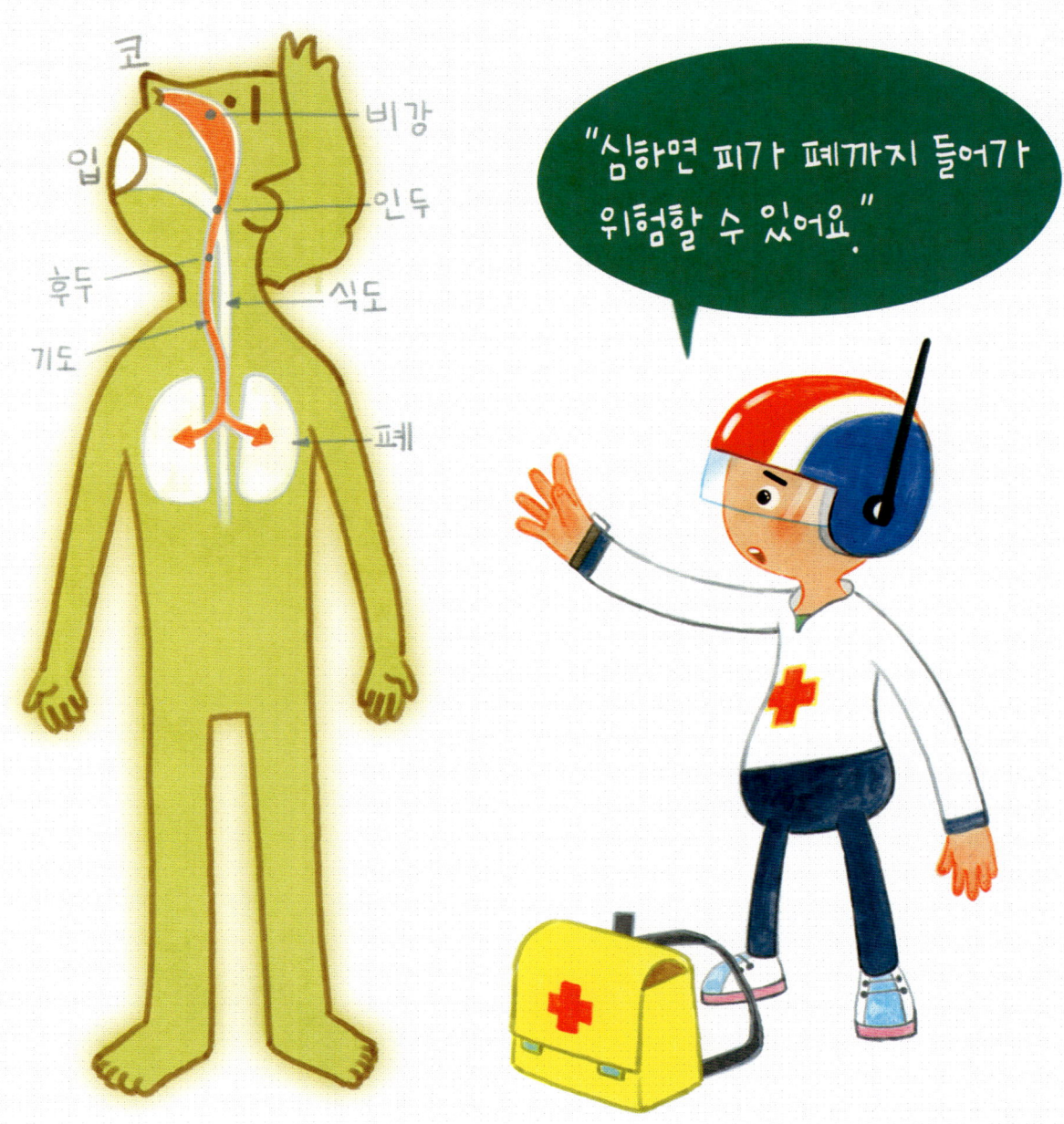

"심하면 피가 폐까지 들어가 위험할 수 있어요."

"자, 이제 내가 코를 눌러줄게.
아프지 않을 테니 그대로 있어."
리틀닥터는

**엄지와 검지로 민우의 콧방울을
꾹 눌러주었어요.**

"엄마, 이제 코피가 안 나요!"
은호는 이제야 안심이 되었어요.
"민우야, 괜찮아? 형아가 미안해!"
은호는 민우의 손을 꼭 잡았어요.

"리틀닥터, 고맙습니다"
엄마도 이제야 환하게 웃으셨어요.
"리틀닥터, 감사합니다!!"

"네, 어머니."

"지금은 피가 멎었으니 걱정하지 마세요."

**"그렇지만 몇 시간 동안은 코를 풀거나
후비지 않도록 해주세요.
다시 피가 날 수 있습니다."**

"네, 잘 알겠습니다."

"은호야, 누가 또 다쳤나 봐. 급히 나를 부르고 있어"
"동생과 너무 위험한 장난은 하지 말아야지?"
"씩씩한 은호 장군, 민우 슈퍼맨이 되기 바랄게"
"안~~녕"

"리틀닥터, 안녕…"

코피가 날 때는 어떻게 할까요?

1) 피가 나도 겁내고 울지 말아요.
   울면 압력이 올라 피가 더 많이 난대요.

2) 피는 삼키지 말고 뱉어내야 해요.

3) 고개를 뒤로 넘기면 안 돼요.
   등을 기대고 앉아 고개를 앞으로 숙이세요.

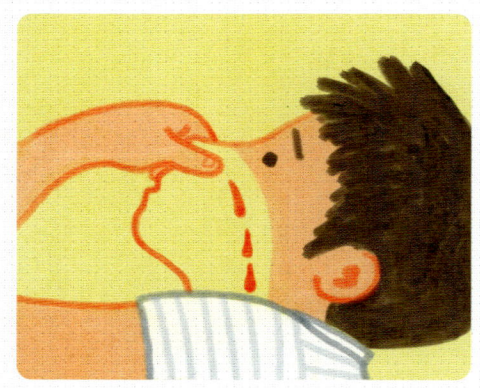

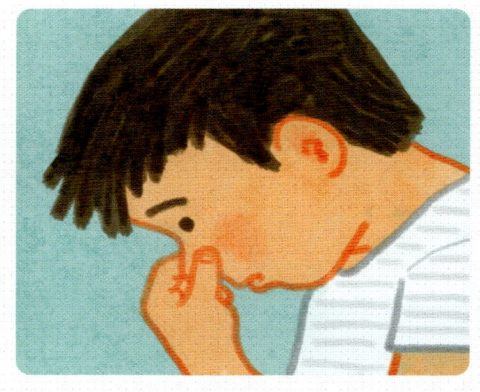

4) 깨끗한 솜이나 휴지를 말아
코를 막아주세요.

5) 두 손가락으로 콧망울을
10분 정도 눌러주세요.

6) 피가 멈춘 후 코를 풀면 안 돼요. 코를 후벼도 안 돼요.
다시 코피가 날 수 있어요.

부모님을 위한 가이드

1. 코피는 왜 날까요?

    - 후비거나 세게 풀었을 때
    - 얼굴 부위에 충격을 입었을 때
    - 비중격 만곡, 급성 부비동염
    - 알레르기성 비염, 급성비염, 감기, 축농증
    - 질병 : 고혈압, 동맥경화증, 자반증, 백혈병, 종양 등
    - 비강점막이 건조해졌을 때
    - 유아의 경우 수면중이나 또는 오랜 시간 심하게 떠들고 놀고 난 다음 갑자기 출혈
    - 피로, 과로

2. 코피가 날 때(전방 비출혈)의 응급처치는?

    - 코피의 90%가 비중격 앞쪽에서 나는 전방 비출혈입니다.
      이곳은 혈관들이 많이 모여있고, 점막이 얇으며, 입구에 가까이 있어
      피가 나기 쉽습니다.

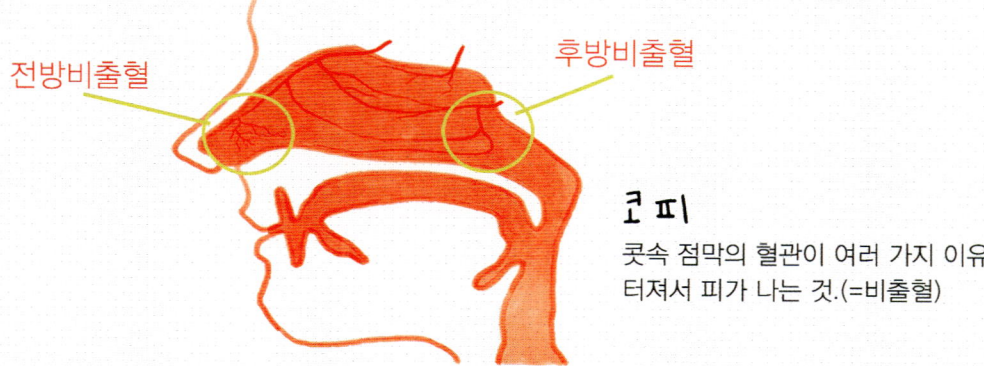

코피
콧속 점막의 혈관이 여러 가지 이유로 터져서 피가 나는 것.(=비출혈)

1) 코피의 대부분은 코의 앞부분에서 발생하므로 잘 잡고만 있어도 5분 이내에 멈춥니다.
2) 코피가 흐르는 모습을 보고 무서워하지 않도록 환자를 안정시킵니다.
    의자에 편히 앉도록 합니다.

3) 고개를 뒤로 넘기지 말고 앞으로 숙이게 합니다.
    뒤로 젖히게 되면 피가 목으로 넘어가거나
    폐로 흡인될 수 있습니다.

4) 깨끗한 솜이나 거즈, 휴지를 둥글게 말아 콧속에 넣어줍니다.
5) 호흡은 입으로 하고, 목으로 넘어간 피는 뱉도록 합니다.
6) 엄지와 검지를 이용해 양쪽 콧망울(단단한 코뼈 아래 부드러운 부분)을 10분 정도
    눌러줍니다.
7) 콧등을 얼음주머니로 찜질해 줍니다.
8) 코피가 멈춘 후 4시간 이내에는 코를 풀거나 후비지 않도록 합니다.
    코 안에 있는 혈관의 압력이 올라가서 다시 출혈할 수 있습니다.
9) 위와 같은 응급처치로 지혈이 되지 않으면 속히 이비인후과를 방문해야 합니다.

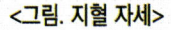

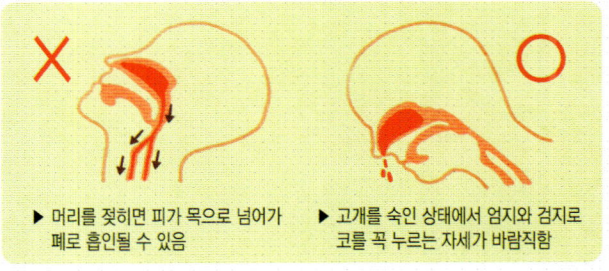

 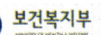 

3. 반드시 병원에 가야 하는 경우는?

1) 출혈이 심하고 양이 많거나 갑자기 늘어날 때
2) 1시간 이내에 코피가 멈추지 않고 계속 흐르는 경우: 대부분 후방 비출혈
3) 출혈이 코를 통해 앞쪽으로 나오기보다는 코 안의 뒷부분을 통해
    목으로 넘어가는 느낌이 있을 때

4. 코피가 나지 않게 하려면?

1) 코가 건조해지지 않도록 가습기 등을 사용하여 집안 습도를 40-60%로 유지합니다.
2) 수분 섭취를 충분히 합니다.
3) 누울 때는 베개를 베어 심장보다 머리가 높게 합니다.
4) 가급적 코를 세게 풀지 말고 코딱지를 떼내지 않습니다.
5) 비타민 C를 복용하여 모세혈관을 강화시킵니다.
6) 원인 질환이 있다면 치료해야 합니다.